어느 날의 위빠사나

박지선 시집

시와사람

어느 날의 위빠사나

2023년 8월 20일 인쇄
2023년 8월 30일 발행

지은이 박지선

펴낸이 강경호 편집장 강나루 디자인 정찬애
펴낸곳 도서출판 시와사람
등록 1994년 6월 10일 제 05-01-0155호
주소 광주시 동구 양림로119번길 21-1(학동)
전화 (062)224-5319 E-mail jcapoet@hanmail.net

ISBN 978-89-5665-685-4 03810

값 10,000원

*잘못된 책은 구입하신 서점에서 바꾸어 드립니다.
*지은이와의 협의로 인지를 붙이지 않습니다.
*이 책은 전라남도문예진흥기금에서 제작비 일부를 지원받았습니다.

이 도서의 국립중앙도서관 출판예정도서목록(CIP)은
서지정보유통지원시스템 홈페이지(http://seoji.nl.go.kr)와
국가자료종합목록 구축시스템(http://kolis-net.nl.go.kr)에서
이용하실 수 있습니다.

어느 날의 위빠사나

시인의 말

물은 흐르는 동안 저절로 깨끗해진다고 하였다
- 도덕경

그것은 자기내면의 균열 속에서 끊임없이
휘어지고 깨어지며 자신을 넘어서는
고행의 길이었을 것이다

시는 내게 있어 삶의 자정 작용이었다

2023년 8월
박지선

어느 날의 위빠사나/ 차례

제1부 붉은 부끄러움

제2부 숲에는 소리가 산다

제3부 지금은 통화중

제4부 모서리에 무늬가 있었다

작품론

제1부

붉은 부끄러움

죄

죄는 결코 주인을 배신하지 않는다.

붉은 부끄러움

고래에게 가고 싶다
고래의 젖을 물고 싶다
고래의 젖을 물고 고향바다를 빨고 싶다

고래는 엄마의 삶 엄마의 일생 엄마의 죽음
어느덧 내 젖꼭지가 붉어져있다.

향어를 읽다

질펀한 수산시장에서 따라온 향어 한 마리 도마 위에 올려놓고 어떻게 요리를 할까 궁리를 한다 퍼덕이는 꼬리와 지느러미를 자르고 점점이 포를 떠 초장을 찍어볼까 왕소금 한 주먹 뿌려 달구어진 석쇠에 구어 볼까 석삼 년 삭힌 된장 고추장 풀어 매운탕을 끓여볼까 책장에 꽂혀있는 생선요리 비법 책을 뒤적이다가 나의 처분을 기다리는 까만 눈과 마주쳤다 나만의 요리법 잊어버렸다 잘 삭힌 홍어의 톡 쏘는 맛처럼 잘 익은 향어香語의 향기 사랑합니다, 미안합니다, 고맙습니다.* 내 심장의 순한 맥박소리를 듣는다.

*정채봉 향어에서 인용

몽유

길몽과 흉몽 사이
서릿발 같은 이상은 이마에서 죽었다

이마에 머물러 있는 죽은 이상은
방향을 벗어나 등 쪽으로 기울었다

차가운 별빛
눈 덮인 대나무 숲에 앉아
설원의 문장을 만진다

풋감 같은 등불을 머리에 이고
내 몸속 욕망의 골을 지나 바람 끝에서
조건 없이 펼쳐진 호수의 채색 없는
그림자 하나

밤새 내린 설원에 찍힌 발길 거둔 자리
꿈의 악장이 넘어간다.

소쇄원의 달

소쇄원에 가시거든
푸른 소나무에 걸린 달만 보지마세요

개울물에 비치는 머리 깨진 달이 있고요
죽창에 찔려 피 흘리는 달도 있어요
시궁창에 흘러든 달도 있고요
우물에 숨어 출산하는 슬픈 달도 있어요
주인처럼 높은 정각에 올라앉은 달도 있고요
서까래 그늘에 가려진 반쪽 달도 있어요
이즈러진 천개 만개의 달의 무늬도 있어요

소쇄원에 가시거든
눈을 감고 천천히 걸음을 옮기세요
발밑에 깨어지는 달의 울음이 고여 있어요.

네게로 가는 길

너에게로 가는 길 중에서
늘 지름길을 찾았다

네 머리 위에서 빛났던 별
어두움을 밝히는 빛이라 믿었다

별빛을 바라보며
밤길을 혼자 걸었다

처음부터 별빛으로 믿었던 건
내 가슴이었는지도 몰라

하루에도 몇 번씩 시신경이 끊어진 두레박으로 퍼 올리는
여러 갈래의 길을 걷고 또 걸었다

끝내 닿지 못한 견우와 직녀의 길이었을까
네게로 가고 있다고 믿었지만
나에게로 향하는 길마저 잃어버린 미아이고 말았다

어쩌면 처음부터 없었던 길이었다.

바람 부는 날

평상심을 찾아가는 일이
늘 어려웠다

볕 좋은날
빨랫줄에 내다 걸었던
외투의 먼지를 털면
바람 속으로 더러는 날아가고
더러 안으로 스며들고
되돌아오기도 하는 것처럼

바람 부는 날 마주치는 것들은
그렇게 여기고 가야 할 것 같았다

잊혀졌다, 되살아오는
유의미하거나 의미 없어진
서사에 대해서도
의미를 부여하거나
무의미 하지도 말자

몸에서 떠나간 마음이라는 글씨는
바람 부는 날 옆으로 눕혀진
같은 글자와도 같은 것이었으니

바람 부는 날은
바람이 빨랫줄 위에 내걸어 준
바리데기의 춤사위를 바라보기로 하자.

내게로 오시는

천개의 눈 천개의 손이 은밀해지는 밤

낮게 깔린 고요의 행간을 건너며

물소리 음각 하듯 새기는 숲속

나무와 나무 사이 울창해지는 문文의 가계도

족보를 읽듯 한 자 한 자

놓았다 뒤집었다 세웠다 앉히는

촛불의 살신성인이 새겨 놓은 비문들

마알간 눈빛으로 올 당신께

한 줄로 올리는 나의 제문.

어둡던 목소리

저물녘
차를 달리다 길을 잃었다

목적지는
그대로인데

뱅뱅 돌기도 하고 같은 길을 기웃거리다
터널의 형광 불빛이 공포로 다가오기도 하였다

어둠이 삼켜버린 이정표
불 꺼진 주유소의 흔적을 지나간다

목적지가 멀지 않았다는 내비게이션의 목소리가
저승에서 온 전언 같다

나만의 기억으로 찾아가야 할
그런 길이 있다.

지독한 농담

감기처럼 번졌어

네 핑크빛 농담에 접목되고 싶었지
콕 찔러 보았어 희망사항이었어
골방 핑크빛에 물들고 싶었던 거야

슬픔에 빠졌다 썰렁하게 빠져 나가는 농담

바람에 날리다 가지 끝에 걸린
설탕을 담았던 봉지처럼 말이야

지독한 백신이었어.

당신이 피워놓은 꽃

노랑저고리 다홍치마 열아홉 어머니

먼 길, 날숨 들숨으로 끌고 온 낡은 집 한 채

마침내,
재 넘어 아버지의 집 앞에 멈췄다

빈집 없는 그 자리에
문패처럼 붙어 있는 젊은 아버지

어머니가 이승에서 치마폭에 피운 꽃
그곳에 내가 피었다.

공갈빵

지난겨울은 매서웠다

사소한 궁금증에 이스트를 넣었다
한 없이 부풀어 오르는 반죽

식용유를 발랐다
입맛에 설탕을 부었다

누군가는 절망했고
누군가는 삶이 그런 게 아니겠냐며 고개를 돌리고
누군가는 겨울도 여름도 아닌 이야길 했다

새로 만들어진 길 끝에 공갈빵을 굽는 빵집이 생겼다
속이 텅 빈 마음이 부풀어 오르고
꽉 채우지 못한 시간들이 터져버리고

숨어 있던 공갈이 공갈을 내보인다.

어느 날의 위빠사나

무임승차로 떠나보는 하늘이 펼쳐졌다 네 개의 기둥에 묶인 나를 실은 기차는 후진 없는 레일을 따라 갔다

붉게 녹슨 레일의 끝이 잠시 쉬었다 가는 간이역이었음 좋겠다

레일 밖의 예수나 부처나 마호메트가 폭설을 맞으며 설원에 남긴 발자국

그 속에 담겨진 환희는 스스로가 설산이길 믿기 때문이었으리라

허공에 던져진 돌멩이처럼 다시 태어나는 마침표 하나 내 자신이 가리키는 쪽으로 방향을 틀었다 나는 그렇게 어두워진다.

서툰 사랑

알 수 없었다, 당신을
조준하지 못한 펜은 늘 어긋났고
너무 깊은 수심에서 허우적거렸다

맞는지 틀렸는지도 모른 채
백지 위에서 보낸 사랑이었다

밤을 새웠던 나의 고백
서툰 입맞춤으로
너와의 관계를 서둘러 완성하였다

꽃병에 달을 꽂았다.

그냥 그래

오래된 벗 있는 네게
얼마나 좋으냐고 물었지
그냥 그래

꼭 맞는 새 벗을 만났다기에
얼마나 좋으냐고 또 물었지
그냥 그래

그냥 그런 사람이라는 말은
별 사람 없다는 동의어

네만 모르는
그냥 그런 사람이라는 아픈 말

네게로만 향하는
그냥 그래

주머니에 넣어둔 나를 꺼낸다.

vip의 신드롬

당신이 주신 세상을 보는 첫 관문인 눈目을 갈아 끼웠다. 60여년을 보고서도 더 보아야 할 것이 무엇이기에 바꿔치기를 했는가 거들먹거리는 짐승들이 미끄러져 고꾸라지는 그 날을 기도했고 어디에 있는지도 모르는 수미산이 내 앞에 설산으로 빛나는 날을 기도하지 않았던가. vip실 침대 위에 누워 익숙하지 않은 귀빈으로 풍등처럼 한동안 수술실 안을 떠다녔다 "형님의 특별부탁으로 제일 좋은 수입렌즈를 삽입했습니다, 잘 보이실 겁니다"

삼 년이 지나도 밤이고 낮이고 온통 잿빛이다 내 앞에 펼쳐진 풍경은 누군가 입김을 호호 불어놓은 겨울창문 같다 의료사고라고들 한다 다들 모르는 소리다 내 욕심이 불러온 화禍 때문이었다

하얀 눈이 내리면 백색세상이 보이고 밤이면 어두운 세상이 보인다 흑과 백은 구별하니 얼마나 다행인가 60여년을 이미 다 보았으나 제대로 본 것은 하나도 없다 내 안의 한 방울의 피가 식을 때까지의 시간이 남아있다 한들 다 볼 수 있겠는가 착해서도 너그러워서도 아니다 잘 보이지 않게 되어서야 알게 되었다 히말라야가 혀끝에서

녹아내려버리는 당신이 지은 집이였다는 걸, 정성을 다한 의사의 마음과 떨리던 그의 눈길을 내가 걸어온 여정의 마침표로 묻는다.

제2부

숲에는 소리가 산다

사랑아

허름한 집 툇마루에 우두커니 앉아
이생의 마지막 날숨 쉽게 우는 문풍지
진달래 향기 녹여 버무렸던
사랑아

질긴 가난에 걸려있던 세월은
정한으로 얽혔던 탯줄처럼 질기고
신에게 올리는 제물 소지 한 장 태워서
강물에 띄워 보낸 안부 품은 바다에
내가 쓴 문안 편지 그대에게 닿거든

사랑아
잊지 않았으니 바람결로 전해주오.

붉은 말의 갈기

깨톡, 깨톡
폴더를 열자

길고양이들의 입술에 붙어있는
붉은 말이 갈기를 세우고 더운 김을 내뱉는다

말의 일생이 자라나고
서둘러 허리를 접는다

한쪽으로 씰룩거리는 얇은 입술
날카로운 송곳니에 끼인 핏방울

성장을 멈출 줄 모르는 긴 혓바닥
아무리 먹어도 배부르지 않는 붉은 말의 성찬

내가 네게 겹쳐졌던 순간이
그때가 아니었을까.

인터넷 비번

처음처럼 주눅이 든다
그녀가 설치해 놓은 이쪽과 저쪽
비밀로 굳게 닫힌 입술은
열릴 듯 말듯

어디쯤에서 얼굴을 묻고 있는 걸까

수수께끼를 풀듯이
언저리에서 맴돈다
욕을 속으로 꿀꺽 삼킨다.

은밀한 비밀을 간직한 너
표정을 살피며 전전긍긍 하는
연애는 이제 그만 끝내고 싶다

단순한 여자를 만나
푸른 꽃대를 밀어 올리고 싶다.

산다화

쫑포*부두에서부터
차는 밀리기 시작했다

무작정 길을 나선 싸락눈처럼
고향을 잃은 여자는 아니다

배고픈 손에 말아 쥔,
지전 한 닢의 무게에 떨던 여자

꽃이어서 다행이다
꺾일 수 있는 꽃은 한 조각의 빵

회색 벽에 걸린 편견의 틀에서 빠져 나온 여자

거미줄에 매달린 이슬방울을
관통하는 아침 햇살

바다를 건너가는 일몰의 손이
여자의 어깨를 넘어가고 있다.

*사창가 초입 지명

목련 1

형상에 매이지 않은 바람이 흰 넥타이를 맨 그를 데리고 와 내 창문을 두드린다

아랫도리가 드러난 그에게 취해 아직은 시린 하늘로 나비 떼 날아오르는 하늘을 편다.

목련 2

만장도 없이 흰 상여
먼 길을 떠나네

어머닌 목련꽃 필 때
가고 싶다 하셨지

그리움 살아서 튀는
무덤가에 앉아서

상석에 올리는 제물
눈물이 전부였네

백목련 한 송이 꺾어
가슴속에 꽂았네.

능소화

꽁꽁 동여맨 열두 폭 치맛자락
참새 떼 담 넘어가 닿은
동네 우물터

강 건너 외딴집
과부 방의 애 울음소리

몰래몰래 애 울음소리.

복수초

그 여자
홀연히
귀띔도 없이
끓는 성질로 와서 흙터를 헤집었다

나는 간이역 의자에 앉아
기차를 타고 떠나가는 그녀를 바라보았다

돌아오는 발걸음 앞에 노란꽃잎이 피어올랐다.

장다리꽃

노란 장다리꽃 피었다

쌀독의
바가지 긁는 소리

바람이 쓸고 간
돌담 같다

유리알 같은 달빛
아궁이에 드리워지는 밤

춘 삼월
누가 올리는 소지 한 장인가.

숲에는 소리가 산다

공복의 허기
통통 튀는 공처럼 튀어 오른다

눈을 감는다
이탈한 옥타브의 파열음이 심장에 꽂힌다

마구 풀어 놓은 음절의 숲
가파른 계곡의 그림자가 빽빽하다

청솔모가 놓고 가는 옥타브 높은 울음소리 뒤를
다람쥐가 따라가며 뒤를 돌아본다

방죽너머 습지에서 건져 올린 한 줌의 햇살과
나뭇가지에 걸린 구름 한 조각이 서늘하다

웃음과 울음이 한 꼭지 점에 이르면
고음과 저음을 이탈한 쏠의 화음이 태어난다.

바람 든 무처럼

청 보리밭에 뛰어든 망둥어
누구도 거들떠보지 않던 그를
나는 사랑했다

나 또한 설 쉰 무 같아서
뚫린 구멍으로 헛바람이 들었다

먼저 누워주었던 푸른 보리밭 순결
가시도 부드러워 가시인줄 몰랐었다

그가 온다는 기별 없는 보리밭 이랑에
흩어지는 낱알들만 바라보았다

지나는 바람도 비켜가는
망덕 포구 뱃고동 소리도 아득하구나.

내일이 오는 게 무서웠던 날들

정지선 앞에서 급하게 브레이크를 잡아 보지만 사회면을 장식한 집단 감염 확진자 발생 집합금지 폐쇄명령 안이나 바깥이나 탁본으로 뜰 수 없는 어제와 오늘, 나에게로 내가 갇혀야 할 내일이라는 수인囚人의 형벌이었습니다.

그믐밤

굵고 무거운 짧은 단음의 부고가
손바닥 안에 도착한 순간
어제를 지운 오늘이 멈추어 섰다

코로나19가 들불처럼 번진다는 소식도
봄소식도 손바닥 안으로 도착했다

이내 어두워져 버리는 손바닥 안의 전화기
요양원 침대에 누워서도
어둠에 잠긴 폰을 껐다 켰다
기다림은 목이 마르고 야위었다

침침한 눈으로 잘 못 읽었을까
벨은 울리지 않는데 애먼 귀를
잡아 흔들던 내 탓이라는
의심 병만 깊어졌다

정전인 손바닥 안 어둠의 무덤을 응시했을
한 어머니의 96년 세월이
말줄임표 속으로 폴더가 접혀졌다

둥근등이 환한 장례식장
삼일 동안
잃어버린 폰을 찾아 헤맨 그림자가 서있다

격리 중이다.

풍경 소리

내가 사랑했던 건 절집 처마 밑에 매달린 풍경을 떠난 종소리였는지도 모르겠습니다
풍경을 떠난 종소리는 맑고 청아할 것이라고 믿어버렸던

그때부터
댓돌에 번지는 달빛을 밟으며 내안에 그를 가득 채워 버렸습니다
무성하게 자라기도 하고 야위기도 하던 풍경소리

띄엄띄엄
먼 곳으로 떠났던 그와의 거리가 낯설었으나
나는 그 낯선 비릿함을 다시 내 안에 채웠습니다

그 절집 처마 밑
움켜진 시간만큼 낡은 풍경
돌아올 수 없는 그를 품었던 한 때를 지나
나도 그도 다른 하늘을 사는 나이
댓돌 위에 번지는 희미한 별빛처럼 그가 스쳤습니다.

무명초를 위하여

한 됫박의 햇살과 구름 한 점 바람 한 자락 앞으로
시도 때도 없이 기어 나오는 신분과 지위고하의 밀림의
법칙

옆구리 터지는 소리를 내며 터져 나오는 무수한 생의
씨방들.

고독

무애無碍의 자유를 즐기는 사람

겨울 이전에 봄이 약속 되었듯

운명은 누구도 어쩌지 못하는 것

나 생겨나기 이전에 약속된 것을

여기 정직한 한 사람이 있다.

연못

순한 양羊 한 마리를 키우기로 했다

양은 연못 속 제 그림자를 들여다보고 있다 또 양 한 마리가 도둑처럼 들어왔다 이놈은 뿔을 치켜세우고 하늘만 본다 서로를 탐색하는 자세로 뒷다리에 힘을 주고 버티며 바라보다 싸우기 시작했다 순하다고 믿은 양은 없다 흙탕물을 뒤집어쓴 양들은 이미 양이 아니다 나는 말뚝을 박고 울타리를 쳐 가두어 길들이기로 했다 그런데 오늘 단단하다고 믿었던 울타리를 부수고 뛰쳐나온 양들이 닥치는 대로 들이 받으며 야단법석이 났다 한 치도 물러설 기미가 없다

난장판이 된 연못을 보수하다가 문득, 내다버릴 수도 바꿀 수도 없는 이놈이 끌고 다니는 대로 끌려와 연못을 보수하다니! 말뚝을 뽑고 울타리를 걷어 버렸다 단청 고운 연못 숨을 거두었다 멀리서 사미의 새벽을 깨우는 목탁소리 울려 퍼진다.

봄은 새를 맞는다

문밖 꽃나무 위에 새 한 마리 앉아
우는 아침

저승 간 동기간同氣間 찾아 왔다고
단속곳차림 맨발로 반기는

귀띔이나 하고 오지

고작 싸라기 한 주먹
눈물 한 종지뿐이라고

해마다 봄은
꽃 새 한 마리 반긴다.

제3부

지금은 통화중

봄날의 뒷면

서로에게 그 무엇도 되지 못한
한 페이지가 되어
봄날이 갔다

그가 흘리고 간 설익은 낙과
한 입 베어 물어보아 거북해지는 과육
어긋난 감정은 헛도는 나사못처럼
서로에게 절실한 게 없었다

기울어진 탁자 위에 놓인 대화는
지나간 이야기로 시작되었지만
이미 쓴잔의 깊이는 같지 않아서
넘치거나 모자라 서로에게 닿지 못했다

하회탈의 풍자에 고개를 끄덕이면서도
스스로 만든 홀로그램에 갇혀
빙판 위로 튀어 오르는 빙어는 만나지 못했다

어렵사리 온기 한 가닥 남아있다고 믿는 마음으로는
그 봄의 날갯짓이 서러웠기 때문이었다.

건축학 개론

보이는 대로 대패질을 하는 목수 남편과

들꽃도 꺾어다 꽃꽂이를 하는 아내와

제도기를 들고 먹물로 선을 긋는 아들과

손거울에 비치는 것들의 부피의 값을 구하는 딸과

네모진 식탁에 앉아 밥을 먹는다

누구도 먹지 않고는 수저를 내려놓을 수 없다

식탁 위
부글부글 끓어 넘치는 뚝배기 속 소수점을 퍼먹는다

쉼 없이, 수직으로 퍼 올리는 숟가락 소리

수평으로 귀가하는 기울어지는 발자국 소리

설계도에서 이탈한 난해한 무늬 가득한 저녁 식탁.

나이테

잎이 끝나는 곳에서
나는 다시 잎이 되고 싶었다

가지가 끝나는 곳에서
나는 다시 가지가 되고 싶었다

뿌리가 끝나는 곳에서
나는 다시 뿌리가 되고 싶었다

생각과 현실은 대립 같아서
마음은 안개를 몰고 와 길을 지웠다

지워진 길 위에서
서번트증후군* 쪽으로
누군가 자꾸만 등을 떠밀었다

진실을 놓지 않으려는 버둥거림으로
진실이 가리워질 때가 많았다

멈출 수 없는 순간이 오더라도
멈추는 생의 요약을 내보이고 싶었다.

*특별한 자폐증

종이그림자

아직 흙이 마르지 않은
황톳빛 무덤 앞에서
잔디를 쥐어뜯는 젊은 여자

풀끝에 베인 손가락에서
붉은 핏방울이 떨어진다

검붉은 심장에서 풀려나와
바스러지는 종이 그림자.

포기

계약금 일 천만 원에
입주가능 합니다

바람에 흔들리는 거리에서
나는 형편없이 주저 앉아있다

비비새가 날고 망둥어가 뛰고
몰려온 바람이 북적거린다

사는 일은
포기하고 돌아서서 포기를 바라보는 행위

포기도 알지 못하는 몸이
바람에 흔들린다

플래카드는 이마 위에 걸려있다.

꽃꽂이

당신과 나의 조상은 한 덩어리 흙
당신의 작은 방,
약속된 향기의 질량이 말라가요

밖은
오월의 눈부신 햇살
아침마다 내가 뿌리는 레드향이 지천으로 피었어요

가위를 든 당신이 가여워요
난 아직 살아 있거든요

금속성 가위가
당신을 겨냥하게 될지도 몰라요

심장의 박동소리가 들리지 않는 밤
당신이 자르지 못한 향기가 환하지 않나요.

가로수의 수사

멀어지거나 가까워지는 것이
겨울에서 봄으로 건너온 나무의 뜻은 아니다

부끄러움을 가릴 수 없던 맨살의 그 겨울도
땀 흘린 기억이 없는 노역의 그 여름도
갈 수 있는 거리가 아니라 추상이었다

추상의 명사가 겸손할 수 없는 이유는
철들지 않은 순수라는 이런 말장난에
잎을 수식하는 것

작은 이파리들의 산통을 흔드는 신파적 주술에
어린 계집애가 자라나고 늙은 노파가 태어난다

수신인 없는 나뭇가지 끝 허공으로
푸른 기상을 발송하려는 나뭇잎 우표를 떼었다 붙인다

이 나무의 문장에 서 있어도 그만
없어도 좋을 수사 같은 잎과 잎이 허공으로 떨어진다

잠자리 한 마리 무심히 지나간다.

하늘 연못

연못 속의 하늘이 옆으로 기운다
저녁 바람이 다녀갔다

날아오르는 새의 날개가 젖어있다
깨어지는 얼굴이 가장자리로 퍼져 나갔다

저 너머의 경계에 걸려있는
물고기 같은 흰 구름

물살에 날개가 비칠 때마다
연못은 날아갔다

양이었다가 고양이었다가 새였던
세월이 비추어졌다

바람이 지나가고 난 수평선에서
연못은 목이 마르다.

소금

오뉴월
붉게 타는
다비식

새하얗게
핀
사리 꽃.

가야에서

패망한 나라의 망명객처럼 오동나무 그루터기에 앉아 가야를 바라본다 한 사람을 위해 순장당한 혼들이 빠져나온 텅 빈 봉분을 생각한다 소녀를 팔아먹고 그 자식을 팔아먹은 어머니의 나라 적성비에 새겨진 볼모인 나를 데리고 한 번도 내가 나 인적 없는 나를 데리고 왔다 소리꾼 쥘부채의 행간에 접어둔 서사와 열두 줄이 내보이는 열두 곡조를 바치고 오백이십 년 동안의 문장의 언덕에서 행갈이도 없이 편집된 일몰의 시간 시조의 그늘에 앉아 월광사 뜰 아래 나 홀로 달빛을 묻는다.

녹물 薄婆

모자를 머리 위에 신으로 모신 그는 썬그라스로 가린 눈빛을 드러내지 않는다

건축학사 법학사 문학박사 성서특임교수 펄럭이는 깃대에 매달린 갑사薄婆천으로 펄럭인다

녹물이 수도관에서 새어나오기 전에는 맹물인지 먹물인지 판단하기 힘들었는데 녹물이 번진다

녹물을 먹물이라고 우기는 그 남자의 이야기는 나에게 한 편의 시를 건네주었다 녹물 같은 시였다.

에틸렌가스

동족이었으므로 하나로 묶여
한 곳으로 밀어 넣어졌지요

난 당신의 이력 따위엔 관심 없고
어디로 가는지에 대해서도
알고 싶지 않았지요

우리가 함께 한 계절을 건너왔지만
뿌리와 토양이 달라 신맛과 단맛은
서로의 세계가 달랐으니까요

우리 사이엔 적당한 거리 유지가 필요했지요
신선도가 생명이었으니까요

당신의 난해한 분장술엔 늘 허기가 번져요

당신을 포장한 화려한 비닐봉지의 주둥이를
질긴 끈으로 단단히 묶지 않으면
우리는 곧 썩어 문드러지겠지요

당신의 몸에서 흘러나오는 억제할 수 없는 호르몬은
끝내 임종을 맞이할 당신과 나의 습관일 테니까요.

양파梁派

늘 오른손만을 강요당해 왔어
가끔 습관적으로 왼 손이 올려지면
쇠숟가락이 왼 손등을 사정없이 내려쳤어

왼손이 식탁에 올려진 것은
순전히 나의 오랜 몸의 기억일 뿐이야

오랫동안 오른손을 강요당해 온 덕분에
난 양손잡이가 되었어
좌우 어느 쪽이 우월하고 열등해서가 아니야

함께 보리밥에 된장국을 나눠 먹을 수 있는
둥근 바퀴

데굴데굴 굴러가 싹을 틔우는 쪽파도 대파도 아닌
난 양파梁派일 뿐이야.

아내

담양 죽제품 축제에 갔던 딸이 죽부인을 사왔다
온몸에 구멍이 숭숭 뚫린 여인이 낯설다

마른 몸에서 들릴 듯 들리지 않는
아내의 냄새
그녀가 걸어왔을 발자국이
내 어깨에 머리를 기댄다

고비마다 담아두고 꺼내지 못한
고여 있는 말들이 나의 손에 잡혔다

내 몸의 온기로 그녀의 상처를 핥다가
뒷모습만 부풀어 오르는 밤

유리창에 편집된 겨울하늘의 안부에도
구멍이 숭숭 뚫려 있었다.

옐로우피쉬

나의 이름은 꽃이죠
인간은 무언가가 되기를 원하죠
만들고 허물고 지우고 덧칠하고
모호한 관계를 필사하죠

우리는 삐끔거리며 간을 보고
입술을 부딪치며 건배를 하고
손뼉을 치며 한 곳으로 기울어져 색맹이 되죠

누가 누구를 닮아 가는지도 모를 때
페리소나를 중얼거리며
옐로우피쉬를 복제하죠

어항에 새겨지는 꽃물결
흙 속으로 날아간 금붕어의 날개
화분과 어항은 필수일까요

어항은
가라앉지 않는 깊이 꼭 그만큼의 안부를 묻죠

살만 하니?
우리는 그들의 세상에 든 하루살이 떼
그들에게 이해 받을 수 없는
잎을 달아걸지요

입술과 잎 술로 가득한 화원
금붕어가 꽃이라고 알려주는 화원에서
습관처럼 조리개로 물을 뿌리죠.

보성여관

태백산맥 몇 페이지는 나비되어 담장을 넘어가고
이제 막 풀 먹인 솔질로 갈아 끼운 흰 창호지문
네모 속으로 기러기도 날아서 오르는 가을 하늘
댓돌 위 가만히 놓인 흰 고무신의 주인은
어디서 걸어오신 정한 사연이시던가.

지금은 통화 중

고객의 요청으로
전화를 받을 수 없습니다

지금 거신 사랑은
당신을 처음 만난 그날로
돌아 서기를 기도 중입니다.

백련사 동백 꽃

눈보라 속 타오르던 결사의 맹세 동박새는 어디론가 날아갔습니다 설원 위에 산채로 목을 꺾어야 한 소식 듣는 다기에 앞 다투어 생목을 내밀었습니다.

제4부

모서리에 무늬가 있었다

모서리에 무늬가 있었다

낙엽이 발등을 덮는 숲을 걸었다 외계에서 날아온 돌멩이에 맞아 이마에서 피가 흘렀다 먼 행성에서 떨어져 나온 돌은 모서리가 거칠었다

그는 불 냄새 바람 냄새에 취해 펄럭거렸다 점령군처럼 사방을 흔들었다 속살거리는 부채질에 펄펄 끓어오르는 열병, 식었다 뜨거워지는 온도차는 더 큰 균열로 블랙홀이 만들어졌다 나의 페이지는 멋대로 넘겨지고 있었다

깊은 곳으로부터 금이 가는 파열음 멋대로 쓰여진 문장이 딸려왔다 가슴에서 시작한 실금이 무섭게 자라났다 허공에 뜬 좌표를 오래도록 바라보았다 모서리에 무늬가 있었다.

현충원에서

비석 앞에서
아버지가 싸웠던 전쟁을 떠올리며
눈이 시리게 푸른
10월의 하늘에 번지는
6월의 푸른 피를
손수건을 꺼내들어 닦아 봅니다

포화 너머로 번지는 연기처럼
슬픔이 자욱한 산기슭에서
죽어서도 명령을 기다리는 듯한
부동의 자세들

찬 돌에 새겨진
3639번 나의 아버지

당신은 누구의 아들이었습니까.

가면극

저녁은 아침을 반성하죠
자신의 밖에서 날아오는 질문에 대답을 뒤적여요

경극 같은 막이 오르는 하루
자꾸만 스쳐가는 얼굴엔 얼굴이 없죠
이목구비의 뒤통수를 생각하다
미뤄두었던 대답을 살며시 꺼내들어요

예의예요
한 번쯤은 보여줄 수 있잖아요?
화장을 지운 맨 얼굴을

매번 대본에 없는 러브신을 요구하는 건 무례예요
무례의 침대에서 나누는 섹스는
추락하는 기분이에요
정해진 주연에게로 조명은 집중되고
막은 내리죠
.
.
무대의 막은 언제나 왜 검정색이죠? 라는 질문은

늘 구겨져요

쉿, 여기까지만!
쓸만한 것들에겐 바리케이트가 쳐져 있죠
듣고 싶은 말만 채집하는 귀를 달았죠

아침을 배웅하기로 하였는데 저녁이었죠.

빈집 1

전세 · 월세 가능합니다
형편에 맞추어드립니다

참새부부가 차렸던 웃음공방이었답니다
산들 바람이 봄을 몰고 와 짹짹, 짹짹
공방은 제법 북적거렸지요

하하 호호
봄의 젖꼭지를 물고
공방은 성업을 이루었지요

도둑고양이 한 마리 숨어든 날
공방엔 무슨 일이 일어났나요?

웃음공방 문이 닫혔네요
연락 기다립니다

집주인이 내걸었는지
낙엽 현수막이 바람에 펄럭입니다.

빈집 2

그 자리에서 기다릴 거라 미리 믿어버렸던 청춘

헤어져 돌아오니
빗장 채워진 뼈대만 서있는 솟을대문
켜켜이 쌓여있는 툇마루 위 먼지
마당가득 채워놓던 어린 발자국

내려앉은 별빛이
잠 못들 던 소녀의 밤이 되어 뒤척인다

바람이 드는 틈을 따라 뻗어가던
넝쿨의 새순마다에는 출렁이던 낯선 시간의 기척들이
대문의 기둥을 물들이고 있다

먼 곳으로 떠나간 어머니의 부름
처마 밑 녹슬어 대롱거리는 마른 물고기의 흔적 아래서
내 몸에도 찾아오는 빈집의 서정을 만진다.

난장판

회전의자에 앉아서 들으나 서서 들으나
어차피 못 알아듣기는 마찬가지인데

서로 사랑하라는 구절은
잊으면 안 되는 계명 같은 것이어서
구관조가 넘기는 몇 장 몇 절

누가 누굴 사랑하는지 도무지 알 수 없는
쥐불놀이 깡통 속 온기 사라진 불티는
허공에 그리는 동그라미 쳇바퀴 돌아 나왔다

사랑이 어떻게 생겼습니까?
사랑이 어떤 색깔입니까?
사랑은 어떤 맛이지요?

가라사대, 보지 않고 믿는 자는 복되도다
아멘

난 아멘은 몰라도
거미가 똥구멍에서 뽑아 지은 성근 집에

내 아버지가 산다는 것은 안다

허공에 사는 아버지의 사랑으로
죄는 사람에게 짓고
용서는 공중에 비는
상표도 없는 표백제의 골목에서
보증서도 없는 전매특허가 난장판을 이루었는데

오늘도 창궐하는 아비 없는 난전에
키 재기 놀음을 하는 우리들은

시장 좌판 위에 끌려온 생선의 죽은 눈 속에
아직 푸르른 눈의 내세를 바라보아야 한다.

뒷모습

우연히 손에 잡힌 잡지 안에서
잘 차려입은 늙은 여자
국회의사당을 뒤에 두고
V를 그리며 웃고 있습니다

무엇을 위한 승리인지
나는 그 사진의 배경을 알 수 없습니다

페이지를 넘기자
가시덤불 숲길을 헤치며
홀로 길을 걷는 수도자의 뒷모습이 있습니다
배경은 초라하지만
강요 없는 고요가 아름다워 보입니다

누더기를 걸친 영혼이 드러내 보여주는
뒷모습의 시간입니다

누군가 줌을 당겨 초점을 맞춘 렌즈 안으로
구비진 길들이
V자를 그려보여 주고 있습니다.

반상회

폭포가 쏟아져 내리듯
쏟아져 내리는 빨간 루즈 입술 속의 침방울들이
사방으로 튄다

거울이 흐려진다
나는 한 겹씩 지워져 간다

닿을 듯 닿지 않는
입술과 입술의 거리

맞추려 할수록 어긋나는
퍼즐 조각들

어디에도 나타나지 않는 대화의 출구

헬멧을 쓴 채로 들어선 호식이 두 마리가
닥치라는 듯 봉지를 내려놓고 돌아서면

구석에 앉아있던 뻥 소리가
입가에 거품을 흘리기 시작했다.

어디쯤인지 가늠할 수 없는

- 사의재*에서

뼈에 가죽만 입힌 소처럼 끌려와서
어디쯤인지 가늠할 수 없는

그새 상투는 헝클어지고 얼굴엔 땟국물이 들었다

허기진 소의 할딱거림처럼 더운 김을 내뿜는 솥단지 소리
시래기 국물에 찬밥 한 덩이 말아 내온
주모의 손목이 어른거릴 때까지도
어디쯤인지 가늠할 수 없는

뚝배기에 뚝 떨어지는 눈물 한 방울을
후후 불어 목에 넘기며 주린 배를 채웠다

내 숨소리에 내가 묻힌 주막집 골방의 시간
주모가 내오는 밥과 물을 마시고
오지 않는 잠을 청하는
주인도 죄인도 없는 방의 빗장 너머로
가파른 호롱불빛이 흔들렸다

달 없는 밤
고향집 어머니가 아들을 부르는 소리가
이명에 실려왔다 멀어져 가곤 하였다

임금의 노한 목청도 천주의 온화한 구원도
지금은 너무 먼 곳에 있었다

어디쯤인지 가늠할 수 없는 이곳에 내가 있었고
어디쯤인지 가늠할 수 없는 그곳에 그들이 계시었다.

*다산 정약용이 머물렀던 강진의 주막.

꼰대는 붉다

웃으라는 주문에도
인화된 증명사진은 굳은 표정으로
정면만 바라보고 있다

"웃으세요!"
8·15 광복절 기념식장 표정으로 웃으세요
3·1절 기념식장의 표정은 사절이에요

세상의 모든 표정들은 휘발되는 불빛을 따라
흘러가고 흘러왔던 것

렌즈를 바라보며 돼지 발정제가 웃는다.

생 보리도 받습니까?

까까머리 중학생 삼촌 삼십 리 오가는 등하굣길 빵집으로 만화방으로 여학생 꽁무니나 좇다가 구멍 난 주머니에 손 찌르고 학교로 간다 월사금 미납자 호명에 주눅이 든 삼촌 모기 뒷다리 같은 목소리로 "선생님! 쌩 보리도 받습니까?" 다급한 마음에 그만..., "너! 이 새끼 이리 나와" 교실 바닥 송판에 떡 메쳐 져서 절뚝거리며 걸어온 육 십리 길 탈곡기가 아침부터 돌아가는 추수철이면 가득 담겨져 쌓이던 삼촌네 마당의 생 보리가마니들 "선생님! 지금도 생보리는 매 타작입니까?" 삼촌은 늙지 않는 전설이다.

부재 또는 존재

내가 떠나오던 날 그 밤은 고요했다
어린 것들은 세상모르고 깊은 잠에 빠져 있다

다리를 꼰 아내는 계산기를 두드리며
부고장 같은 체납고지서를 들여다보고 있다

내 목을 움켜쥐었던 밑줄
붉은 밑줄 아래로 멈추어버린 것들
마지막까지 탐닉했던 한 조각의 빵과 우유
마시다 만 맥주와 일회용 종이컵

아내가 긋는 빨간 밑줄은 더 이상 나의 공백을
기록하지 않을 것이다 내게 허용된 밑줄은 없다
부재의 시간을 혼자서 훑느라 지워진 지문
아내의 손끝에는 존재의 날이 펼쳐지고 있다.

어느 닭장 속의 이야기

암탉 다섯 마리를 사와 부부가 사는 닭장에 넣었다
여섯 아내를 거느린 수컷의 동거가 이루어진 셈인데

그날부터
팔려온 암탉들 정수리에서 털이 뽑혔다
살이 갉히고 피를 흘리며 구석으로 내몰렸다
한마디 항거도 못하는 불륜이란 이름으로 죽어갔다

뒷짐 진 가장은 먼 산을 향해 헛기침만 길게 내뱉고
그 볏에 올라앉은 정실이라는 벼슬
본처의 서슬에 쪽잠도 서러웠을 그녀들

닭장 밑으로 뚫린 구멍으로 기어든
족제비의 성찬
입에 물린 당당했던 붉은 벼슬 한 점

아내 하나도 지키지 못한 가장
홰를 쳐보는데

까마중 같은 눈알들 뒹구는 빈 닭장 속 가장
구석으로 내몰린 암탉처럼 홀로 저문다.

정전과 충전 사이

상위도 하위도 아닌
캣워크가 이루어지는
런웨이 중간쯤이었는지 몰라요

표적을 알 수 없는
화살이 날아간 방향 같지요

건반은
고음과 저음 사이에서
오르고 내리는 일을 반복하고 있지요

콩쥐와 팥쥐 중간쯤에서
낮잠을 자요

가장 상위에 있는 놈과
가장 하위에 있는 놈
하나씩을 살해하기로 해요

그러면 상위와 하위가
사라질까요?

완전 범죄는 의심의 공간이
소멸해버린 일이겠지요

절망과 희망 사이에서
싸이렌 소리가 태어나지요.

팔등신

귀농가 애순씨
연한 호박 줄기 가랑이에 눈을 심는다

호박은 눈이 성기여서
클라이막스 등선을 오르는
푸른 사정이 질펀하다

호박꽃은 벙어리 트럼팻 같아
애순씨 후일담도 생략된 채 환하다

강남거리에서 본 듯한 팔등신 여자
탱글탱글한 궁둥이 씰룩쌜룩
쭉쭉 뻗은 각선미 매끈매끈하다

형광 불빛 아래
오늘도 메스를 든 애순씨 수술중이다.

설익은 서리태 여자

서리태 같은 시인 정신은
애시당초 찜 쪄 먹고 없다

파릇파릇하던 떡잎 잘라 팔아먹고
설익은 콩 대가리만 요란하다

조율을 거부하는 그랜드 피아노
바람에 스치는 별을 발음하는 혀를 모시는 여자
혀를 소주병에 꽂았다

젖은 부싯돌로 발화되지 않은
깜깜한 조등으로 내걸려 있다.

숟가락 성자

삼시 세끼 고봉밥을 퍼 올린다
뜨거운 국 사발에 처박혀도
담기는 만큼만 떠 올린다

모자라도 낯색을 바꾼 일 없다
달고 시고 짠맛
한 맛을 보았다, 분별이 없는 자리

길어야 유한한 백년의 껍데기
나는 살아 눈뜨고 있다 믿지만
한낱 어제 밤 꿈속의 몽유였다*
숟가락이 웃는다.

*岸樹井騰의 : 만공선사 법담

고래의 붉은 젖을 빠는 세이렌의 노래

최 세 라
(시인)

박지선의 시집 『어느 날의 위빠사나』에 수록된 예순아홉 시편은 그녀가 지나온 길의 흔적을 낱낱이 보여준다. 길이란 선점하거나 선정할 수 없는 것이어서 시인은 주어진 삶의 노정을 묵묵히 밟아 여기까지 왔다. 낯선 풍경을 바라볼 때면 낯익은 풍경을 겹쳐서 그리고, 사람들 사이에 있으면 아름다움을 발견하고, 나직이 나직이 노래하면서 걸음을 멈추지 않았다. '시인의 말'에서 고백한 바와 같이 "흐르는 동안 저절로 깨끗해지"는 물의 이력을 살아온 그녀는 '자정自淨' 작용의 순리를 안다. 은색 파이프 같은 두 다리를 번갈아 내디디며 앙금이 섞인 물을 거르고 또 걸러낸다.

그러나 그녀의 길이 묵묵함으로만 일관하는 여정은 아니다. 단 하나라고 믿었던 길이 수많은 갈림길로 무화되는 곳에 이르면 와락, '붉음'을 발화한다. 붉음은 색色이 공空을 만나는 눈꺼풀 안쪽의 빛깔이고, 몸속의 갈림길을 끝없이 도는 피톨의 빛이며, 오장육부에서 치밀어 오르는 웅얼거림을 선별해 언어로 빚어내는 혀의 색이다. 박지선은 언어의 속성이 붉다는 것을 직관적으로 파악한다. 핏기 없는 언어는 시어가 되지 못하고 사멸한다는 걸 누구보다 잘 안다. 깊이를 헤아릴 수 없는 검은 물, 크기를 측량할 수 없는 무채색의 고래, 창백하게 이어지는 끝없는 길을 몸으로 겪으며 살지만, 그녀가 발화하는 언어는 핏기를 띤다. 여기, 물 위에 "당신이 피워놓은" 꽃잎이 떠 있다. 시인이 발화하는 붉음은 매혹적이다. 다시, 매혹적인 것은 스스로 정화되어지는 붉음이다.

꽃, 이라고 부르면 꽃의 시선으로

박지선은 시인이 언어에 대해 어떤 태도를 지녀야 하는지 잘 보여준다. 그녀의 시편을 따라가다 보면 지휘봉을 들고 언어를 부린 적이 단 한 번도 없음을 알 수 있다. 마치 연인을 대하듯 극진한 마음과 사랑으로 언어와 동행해 왔음을, 그러한 현장을 발견할 뿐이다. 시인의 그런 태도에 힘입은 언어는 생기를 얻어 저절로 흐르고 제 경계를 넓혀 시적 세계를 형성한다. 붉은 꽃들의 세계다. 꽃이 피는, 꽃이 지는. 충만하고 결핍되었고 울었고 웃어야 하는.

쫑포부두에서부터
차는 밀리기 시작했다

무작정 길을 나선 싸락눈처럼

고향
이 잃은 여자는 아니다

배고픈 손에 말아 쥔,
지전 한 닢의 무게에 떨던 여자

꽃이어서 다행이다
꺾일 수 있는 꽃은 한 조각의 빵

회색 벽에 걸린 편견의 틀에서 빠져 나온 여자

거미줄에 매달린 이슬방울을
관통하는 아침 햇살

바다를 건너가는 일몰의 손이
여자의 어깨를 넘어가고 있다.

-「산다화」 전문

'산다화'가 애기동백이라는 설명은 이 시를 읽는 데 중요하지 않다. 그저 '붉음'이 좋을 뿐이다. '붉음'이 느껴질 뿐이다. 엉거주춤 합장한 것 같은 꽃잎의 생김새가 떠올라 눈 가장자리에 일몰의 색을 띤다면 그뿐이다. 여기 '여자'가 있다. 아마도 사창가에서 "지전 한 닢의 무게에 떨"었을 '여자'는 겨울의 빈한함에서 벗어나지 못한다. 봄이 와도 여름과 가을이 와도 '여자'의 계절은 그대로다. 마침 눈이 내린다. '싸락눈'은 눈의 결정들이 풍성하게 엉겨 붙은 함박눈과 달리 환영받지 못한다. 내리는 품도 보

잘 것 없고 어디 부딪히기라도 하면 금세 바스라진다. 뭉쳐서 눈사람을 만들 용도도 못되고 마음을 새하얗게 만들어 주는 심미적 유용성도 갖지 못한다. '무작정' 내린다. 무목적적으로 그것은 내린다. '여자'가 '싸락눈'을 맞으며 서 있는 장소는 차가 밀리는 살풍경한 도로다. 자동차 안의 사람들은 열선이 설치된 의자에 앉아 히터 바람을 쬐며 차창 밖 '여자'를 본다. 운전석과 조수석 사이에 커피가 있을 것이다. 송풍기에 설치된 방향제가 인간의 육신에서 풍기기 마련인 체취를 감미로운 향기로 바꾸고 있을 것이다. 길이 막혀서 차들은 천천히 움직이고, 볼 만한 풍경은 '싸락눈'에 가려져 있다. 썬팅된 차량 안의 사람들은 모습을 드러내지 않고 밖을 본다. 창밖의 '여자'는 그들에게 오래오래 노출된다. '다행'한 것은 '여자'가 '꽃'이라는 점이다. 그 사실을 발견한 사람은 이 시의 화자다. 꽃의 시선으로 보는 화자가 있어서 '여자'는 '산다화'가 된다. 싸락눈을 머리에 이고도 얼거나 시들지 않는 꽃이 된다. 화자는 '편견' 없이 분별심 없이 '여자'를 바라본다. 그 시선은 꽃의 시선이다. '사량思量'은 '생각하여 헤아린'다는 일차적 뜻이 있지만 오염된 마음으로 타인을 잰다는 이차적 뜻으로도 쓰인다. 사랑하는 마음은 "회색 벽에 걸린 편견의 틀"만큼 딱딱하고 거칠고 고집이 세다. 꽃을 뭉개버릴 수 있을 만큼 주저함이 없다. 그러나 꽃의 관점으로 꽃의 시선으로 사람을 본다면 일체의 '회색 벽'은 그리고 '편견의 틀'은 무력해지고 만다. '아침 햇살'의 위

력이 발휘되는 순간이다. "거미줄에 매달린 이슬방울"은 우주적 인드라망의 장엄함을 내비친다. 관계망 속의 존재들이 서로를 의지하고 끌어안는 모습. 그러한 자리에 '여자'는 서 있다. 한 송이 산다화로, 붉은 심장을 가진 인격으로.

> 당신과 나의 조상은 한 덩어리 흙
> 당신의 작은 방,
> 약속된 향기의 질량이 말라가요
>
> 밝은
> 오월의 눈부신 햇살
> 아침마다 내가 뿌리는 레드향이 지천으로 피었어요
>
> 가위를 든 당신이 가여워요
> 난 아직 살아 있거든요
>
> 금속성 가위가
> 당신을 겨냥하게 될지도 몰라요
>
> 심장의 박동소리가 들리지 않는 밤
> 당신이 자르지 못한 향기가 환하지 않나요.
>
> -「꽃꽂이」 전문

사람의 몸이 '흙'에서 나왔다는 진술로부터 이 시는 시작된다. 흙은 일반적으로 모성과 풍요를 상징하지만 사실

그것은 순수한 물질이 아니다. 어떤 흙은 지난 늦가을의 낙엽을 품은 채 자신이 피워낼 충만한 생명들에 미리 감동한다. 어떤 흙은 두더지의 시체를 조금씩 자신의 품으로 되돌리며 애도하는 중이고 또 어떤 흙은 돌탑을 쌓기에 맞춤한 자갈들을 잔뜩 품고 있다. 흙은 '품'는다. 그렇지만 매번 뭔가 다른 것들과 섞여 있다. 그것이 흙의 본질이다. 화산 분화구에서 떠온 흙과 고구마 밭에서 가져온 흙은 다르다. '다름'은 경계가 되고 퍼렇게 벼려진 날이 되고 모서리가 되고 '극極'이 된다. 반대편 자리에서 '당신'은 눈을 번뜩이고 있을 것이다. 온몸이 광물인 것처럼, "아침마다 내가 뿌리는 레드향"을 무화시키겠다는 것처럼. 불화는 관계에서 비롯될 때도 있지만, 사람이라는 흙 안에서 단단히 뭉쳐진 금속성 원소가 적의로 드러난 결과일 때도 있다. '당신'의 적의를 누그러뜨리려는 '나'의 태도는 진지하고 반복적이다. 고체 중에서도 가장 단단한 금속을 기체에 불과한 '향기'로 무력화하려 한다. '나'가 우려하는 것은 '당신'으로부터 공격받을 수도 있을 자신의 몸이 아니다. "금속성 가위"의 방향을 근심하는 것이다. 오행의 '상생상극설相生相剋設'에 의하면 흙은 금속을 생한다土生金. 이에 금속은 자유자재로 휘두를 수 있는 도구가 된다. 그것을 얻은 자는 빈손인 자를 압도하고 모든 부분에서 우위를 점할 수 있다. 하지만 맹렬한 화나 상념에 사로잡혀 안목을 잃은 사람이 휘두른다면 스스로가 멸할 따름이다. '나'에게는 현실에서 유용하게 사용할 금

金도 금金을 녹일 화火도 없다. 다만 명료한 정신은 "금속성 가위가/ 당신을 겨냥하게 될지도 몰"라 안타까워한다. '나'는 이 상황을 두려워하지 않는다. "아직 살아 있"기 때문이다. '레드향'의 생명력으로 '당신'에게 해줄 수 있는 건 곡진하고 마음을 다해 행하는 발화發話이며 발화發花다. 내게 대적하는 '당신'을 향한 '나'의 언어는 온화하고 귤향이 풍겨난다. 화극금火剋金이 아닌 향극금香剋金의 장면, 나아가 향생금香生金의 장면을 본다는 것은 박지선 시에서만 누릴 수 있는 드물고 귀중한 경험이다.

박지선의 시편에는 색의 삼원색 중 가장 밝은 색인 '노랑' 꽃들도 등장한다. 노랑은 빛의 삼원광三元光 중 빨강과 초록이 겹칠 때 태어난다. 주지하다시피 빨강과 초록은 색상환에서 반대편에 놓이는 색깔이다. 극과 극이 섞일 때 태어나는 색이라니! 노랑의 비밀은 또 있다. 섞을수록 밝아지는 빛과는 달리 물감, 크레파스 등의 색은 섞을수록 어두워지는데 노랑은 예외다. 노랑은 상대 색을 밝고 화사하게 만들어 준다. 어쩌면 노랑은 색 보다는 빛에 가까운 지도 모른다. 개나리와 병아리와 유치원의 색깔이 노랑인 것은 휘발되기 쉬운 유년기의 빛이어서 인지도 모른다. 이렇듯 선천적으로 미스터리한 색상인 노랑은 박지선 시 중 「복수초」에서 찾아볼 수 있다.

그 여자
홀연히

귀띔도 없이
끓는 성질로 와서 흉터를 헤집었다

나는 간이역 의자에 앉아
기차를 타고 떠나가는 그녀를 바라보았다

돌아오는 발걸음 앞에 노란꽃잎이 피어올랐다
-「복수초」 전문

눈 속에서 피어나는 작은 꽃, '복수초'는 오해 받는 식물이다. 이름이 '앙갚음'을 의미하는 '복수復讐'를 연상하게 해서인데, 사실 이 꽃의 한자어는 '복수福壽'이다. 사전적 의미는 '복이 많고 오래 삶'이지만, '복福'의 뜻을 동사로 풀면 '오래도록 잘 살아가기를 축복함'이다. 본문 속의 정황으로 들어가면 두 사람이 나온다. '그 여자'는 거침없다. 상대의 동의도 구하지 않은 채 등장하고, 크나큰 상처를 주고, 떠나 버린다. '그 여자'가 하는 행동의 바탕엔 "끓는 성질"이 있다. 그것은 복수심復讐心일 지도 모른다. 어쩌면 시기심이나 적개심일 수도 있다. 그 '성질'의 근본은 지옥처럼 잔혹하다. 자신의 성질에 지배당한 그녀는 '나'라는 사람을 보고 있지 않다. 나의 '흉터'를 보고 있다. 흉터에는 눈도 코도 입도 없고 인격도 없다. 다만 "헤집"을 대상일 뿐이다. 그녀에 비해 '나'의 행동반경은 작다. '나'와 연관된 동사는 '앉다'와 '바라보다'와 '돌아오다'이다. '나'는 발길을 멈추기 위해 앉는다. 무엇을 기어

코 보겠다는 마음 없이 그저 눈에 맺힌 상을 감각한다. 그리고는 자신이 원래 있던 자리로 발걸음을 옮긴다. '나'가 '그 여자'를 만났던 것은 무슨 뜻이나 계획, 약속이 있어서가 아니다. 그저 교통사고처럼 이해할 수 없는 사건이 일어나서 일방적으로 피해를 감당하게 된 것이다. '나'는 '그 여자'가 떠나가는 자리에 멈춘다. 그리고 '본'다. '나'의 '바라봄'에는 미움이나 비판, 격정, 울분 같은 것이 없다. 이 순간 무아無我의 상태이기 때문이다. 모든 분별심과 집착이 '그 여자'와 함께 떠나간다. '나'는 그녀가 탄 기차에 '나我'를 함께 태워 보냈기에 무아의 자리로 "돌아올" 수 있었다. 그리고 그 여정에 복수초가 핀다. "노란꽃잎"은 나에게 복수復讐하듯 다가온 '그 여자'가 오래도록 잘 살아가기를 축복한다. 이러한 '나'의 마음은 지상에 살되 천상에 적籍을 둔다.

시가 될 때까지 발화하는 세이렌의 언어

근원을 찾는 일은 인간을 비롯한 모든 생명의, 힘겨운 본능이다. 생명의 기원이 바다에서 시작됐다는 설을 따를 때 사람의 상체를 가진 인어가 뱃길에서 노래한다는 이야기는 상상의 소산만은 아니다. 거친 바다에서 노래하며 뱃사람의 정신을 혼미하게 만드는 반인반어半人半魚의 전설은 전세계에 걸쳐 구전되는 설화이다. 박지선의 시에서도 바다와 근원과 사람에 대한 감각적 사유가 발견된다.

고래에게 가고 싶다
고래의 젖을 물고 싶다
고래의 젖을 물고 고향바다를 빨고 싶다

고래는 엄마의 삶 엄마의 일생 엄마의 죽음
어느덧 내 젖꼭지가 붉어져있다.

-「붉은 부끄러움」 전문

'부끄러움'은 왜 붉은가. '젖꼭지'가 붉기 때문이고 젖을 먹는 생명의 행위가 붉기 때문이다. '나'는 고래를 향해 나아가려는 욕구를 가지고 있다. 고래는 육지에서 바다로 이동해 영영 그곳에서 살기로 한 거대 생물이다. 그것의 이동 방향은 다른 동물과 반대다. 바다에서 탄생한 생명들이 죽을힘을 다해 육지로 나아간 것과 달리 고래는 바다에 몸을 묻고 물의 질서에 따라 살아 왔다. '나'는 고래처럼 꼬리지느러미를 위아래로 저으며 깊은 물속, 고향으로 향한다. 삶의 근원을 찾는 여정이지만 동시에 죽음 같은 자맥질이다. '고래'는 "엄마의 삶" "엄마의 일생" "엄마의 죽음"이다. 파도에 휩싸여 있기에 한눈에 크기를 가늠할 수 없는 그 바다 생물은 세이렌처럼 노래를 부른다. 그것은 '나'에게 자장가 같은 것이다. 삶에의 끝없는 도전, 심해에 잠겨 살아간 일생, 그리고 심해로 가라앉았을 죽음까지 모두가 '엄마'의 노래 같은 것이다. 대양에 속한 휘파람 같은 것이다. 위험하고 매혹적이고 무엇보다 삶의 의지로 충만했을 '엄마'의 삶은 '나'가 무시로 지향

하는 근원의 세계다. '나'는 "고래의 젖을 물"고 "고향바다를 빨"고 싶다. 고래의 젖을 물면 비릿하고 따스한 바닷물을 삼킬 수 있다는 상상에 이른다. 무르익을 대로 무르익어 "젖꼭지가 붉"어진다. 다른 생명에게 젖을 물려 살릴 수 있을 만큼 성숙해진다. 그렇게 '나'는 시가 될 때까지 노래함으로써 세이렌의 자장가를 부를 줄 알게 된다. 뭇생명을 먹여 살릴 어미가 된다.

자연의 생명력에 대한 시인의 탐구는 정신적 반향으로 이어진다. '나'를 넘어 '인간'의 존재와 의미에 대해 탐구하는 것이다. 대양에 속한 고래와는 다르게 인간의 풍속은 "무엇인가 되기를 원하"는 일에 기울어 있다.

나의 이름은 꽃이죠
인간은 무언가가 되기를 원하죠
만들고 허물고 지우고 덧칠하고
모호한 관계를 필사하죠

우리는 뻐끔거리며 간을 보고
입술을 부딪치며 건배를 하고
손뼉을 치며 한 곳으로 기울어져 색맹이 되죠

누가 누구를 닮아 가는지도 모를 때
페리소나를 중얼거리며
옐로우피쉬를 복제 하죠

어항에 새겨지는 꽃물결

흙 속으로 날아간 금붕어의 날개
화분과 어항은 필수일까요

어항은
가라앉지 않는 깊이 꼭 그만큼의 안부를 묻죠
-「옐로우피쉬」 부분

시인이 바라보는 어항은 안부의 창窓이다. 잘 지내느냐는 물음, 보고 싶다는 전언. 그러한 진심이 투명하게 통하는, 유리로 만들어진 물체. 물론 어항에는 바닥이 있다. 그래서 "가라앉지 않는 깊이"를 지키는 것이 중요하다. 수중을 부유하는 생명들은 바닥에 닿는 순간의 아픔을 잘 안다. 유리 어항이라 해도 바닥만큼은 매끄럽지 않다. 돌과 모래가 있고 플라스틱 물풀이 흐느적거리며 서 있고 물곰팡이가 끼어 있고 도무지 친연해지지 않는 버석거림이 있다. 그렇기에 "우리는 삐끔거리며 간을 보고/ 입술을 부딪치며 건배를 하고/ 손뼉을 치며 한 곳으로 기울어져 색맹이 되"어 간다. 자신을 다 드러내지 못하는 불안감과 열패감이 '우리'를 지배한다. 진심 없는 곳에서의 친교는 "페르소나를 중얼거리"게 하고 "옐로우피쉬를 복제 하"게 한다. 어항 바닥에 닿지 않도록 조심하고 내면의 바닥도 드러나지 않도록 주의하며 만나는 일은 슬프고 덧없다. '나'는 사람들에게 "무언가가 되기를 원하"지만 현실은 "만들고 허물고 지우고 덧칠하고/ 모호한 관계를 필사하"는 일의 연속이다. '나'는 '색맹'이 되어가고 있기에 사람마다 가지고 있는 색상을 알아볼 수 없으며 타인에게 이해받는 존재가 되지도 못한다. 그렇게 붉음과 푸름은 겹쳐지지 않고, 가장 밝고 따뜻한 색깔인 노랑은 태어날 수 없다.

노랑이 만들어지지 않는 세계를 대면하는 일에 대해

빛과 빛은 색맹의 스펙트럼 안에서 왜곡된다. 노랑은 태어나지 못하고 온 세상이 어둠에 드는 시간이 이어진다. 어둠은 나날의 사이사이에 검은 막을 드리운다. 그 막이 걷히면 연극 같은 하루가 열린다. 이곳에선 스치는 사람마다 본심을 숨긴다.

> 경극 같은 막이 오르는 하루
> 자꾸만 스쳐가는 얼굴엔 얼굴이 없죠
> 이목구비의 뒤통수를 생각하다
> 미뤄두었던 대답을 살며시 꺼내들어요
>
> … 중략 …
>
> 무대의 막은 언제나 왜 검정색이죠? 라는 질문은 늘 구겨져요
>
> 쉿, 여기까지만!
> 쓸만한 것들에겐 바리케이트가 쳐져 있죠
> 듣고 싶은 말만 채집 하는 귀를 달았죠

아침을 배웅하기로 하였는데 저녁이었죠

-「가면극」 부분

"자꾸만 스쳐가는 얼굴엔 얼굴이 없"다는 발견은 이 시의 맨 마지막 행인 "아침을 배웅하기로 하였는데 저녁이었죠"에 닿는다. 이 발견은 또한 "구겨진 질문"에 대한 힌트가 된다. "무대의 막은 언제나 왜 검정색"인가. 그것은 이 우주의 질서가 빛보다는 어둠에 의해 유지되고, 사람의 얼굴엔 진실이 담겨있지 않기 때문이다. 진면목을 알 수 없는 것이다. 도시의 질서는 '있는 그대로를 드러냄'에 기반하지 않는다. 경극의 가면처럼 꾸며진 얼굴이 의도된 대사를 뱉으며 불쑥불쑥 출몰한다. 멋진 가면을 쓰고 과장된 몸짓을 할 줄 알아야 사회에 적응할 수 있다. 이러한 상황에서도 시인은 '아침'을 보려 한다. '아침'이 점심으로 넘어가는 따뜻하고 아름다운 한때를 원한다. 그러나 시인은 아침이 사라진 자리에 저녁이 남는 뜻밖의 현실에 부딪힌다. 저녁의 어스름 속에서는 빛의 찬란한 분광을 경험할 수 없다. 색이 태어나지도 않고 세상 만물이 가진 본연의 형태를 파악할 수도 없다. 시인은 탄식한다. "쓸만한 것들에겐 바리케이트가 쳐져 있죠/ 듣고 싶은 말만 채집 하는 귀를 달았죠". 존재와 존재 사이엔 연극의 막처럼 바리케이트가 쳐져 있다. 그 막은 검다. 왜 검으냐는 질문은 금지된다. '귀'는 진실을 알고 싶어하지 않는다. 눈 역시 보고 싶은 것만 '채집'하기를 원할 것이다. 거짓된 얼굴, 왜곡된 상, 진실 없는 소리들이 도시의 풍경을 뒤덮는다. 이 같은 풍경은 다음의 작품 속에서도 목격된다.

회전의자에 앉아서 들으나 서서 들으나
어차피 못 알아듣기는 마찬가지인데

서로 사랑하라는 구절은
잊으면 안 되는 계명 같은 것이어서
구관조가 넘기는 몇 장 몇 절

누가 누굴 사랑하는지 도무지 알 수 없는
쥐불놀이 깡통 속 온기 사라진 불티는
허공에 그리는 동그라미 쳇바퀴 돌아 나왔다

사랑이 어떻게 생겼습니까?
사랑이 어떤 색깔입니까?
사랑은 어떤 맛이지요?

가라사대, 보지 않고 믿는 자는 복되도다
아멘

난 아멘은 몰라도
거미가 똥구멍에서 뽑아 지은 성근 집에
내 아버지가 산다는 것은 안다

허공에 사는 아버지의 사랑으로

죄는 사람에게 짓고
용서는 공중에 비는
상표도 없는 표백제의 골목에서
보증서도 없는 전매특허가 난장판을 이루었는데

오늘도 창궐하는 아비 없는 난전에
키 재기 놀음을 하는 우리들은

시장 좌판 위에 끌려온 생선의 죽은 눈 속에
아직 푸르른 눈의 내세를 바라보아야 한다.

-「난장판」 전문

시인은 "아비 없는 난전"인 이 세상을 바라본다. 아비는 '허공'에 있다. '우리들'은 "키 재기 놀음"에 빠져 있다. 자신의 진짜 얼굴은 보여주지 않은 채 허황된 놀음에 골몰한다. 이곳에선 진면목을 드러내는 자가 패자다. '우리들'은 "죄는 사람에게 짓고/ 용서는 공중에 비"는 일을 반복한다. 그러한 일은 시인이 보기에 인스턴트식이다. 죄로 얼룩진 옷을 삶고 두들기고 얼룩이 사라질 때까지 비벼대기는커녕 '표백제'만 붓고서 자신이 지은 죄를 방관하기 때문이다. 시인은 「죄」라는 시에서 "죄는 결코 주인을 배신하지 않"음을 간파한 바 있다. 죄는 표백제로 없앨 수 있는 얼룩이 아니다. 죄는 자신을 지은 자에게 그림자처럼 달라붙어 끝끝내 어둠으로 끌어내린다. 죄에 대한 진실을 알고 있는 시인의 눈에 이 세상은 난장판이다.

자신의 물건만 최고라고 목소리를 드높이는 곳, '상표'나 '보증서'도 없이 돈을 벌려는 눈먼 욕심의 현장. 그렇다면 난장판의 세상에서 우리가 가져야 할 자세는 무엇인가. 다음의 시에서 시인은 '위빠사나'의 지혜를 보여준다.

무임승차로 떠나보는 하늘이 펼쳐졌다 네 개의 기둥에 묶인 나를 실은 기차는 후진 없는 레일을 따라 갔다

붉게 녹슨 레일의 끝이 잠시 쉬었다 가는 간이역이었음 좋겠다

레일 밖의 예수나 부처나 마호메트가 폭설을 맞으며 설원에 남긴 발자국
그 속에 담겨진 환희는 스스로가 설산이길 믿기 때문이었으리라

허공에 던져진 돌멩이처럼 다시 태어나는 마침표 하나 내 자신이 가리키는 쪽으로 방향을 틀었다 나는 그렇게 어두워진다.

-「어느 날의 위빠사나」 전문

우주의 주인을 만나 값을 치르고 시작한 게 아니므로 삶은 '무임승차'이다. '나'는 '묶'여 있기에 움직임이 없다. 그저 눈과 귀를 열고서 세계를 진실된 모습 그대로 지각할 뿐이다. 운명의 '레일'은 '후진'이 없다. '나'는 제자리에 붙박인 승객이다. '예수', '부처', '마호메트'는 내 인

생의 레일 '밖'의 존재일 뿐 '나'를 대신 살아주지 못한다. 그러나 '나'는 그들을 알아볼 혜안을 가지고 있다. 그들은 "스스로가 설산"이라기보다는 "설산이길 믿"기에 최고의 봉우리들이 되었다. 설원에 발자국을 남길 수 있었다. 다만 '나'는 '어두워진'다. 삶이란 '마침표'의 회귀여서 시작 없이 종결되는 미지의 어떤 것과 같다. 이 '무임승차' 여행의 주인은 예수도 부처도 마호메트도 아니다. '나'만이 '마침표'의 방향을 정해줄 수 있다. '마침표'는 화두의 다른 이름일 것이다. '어두워지'는 '나'는 끝까지 마침표 하나를 붙들고 그것의 궤적을 좇는다.

소쇄원에 가시거든
푸른 소나무에 걸린 달만 보지마세요

개울물에 비치는 머리 깨진 달이 있고요
죽창에 찔려 피 흘리는 달도 있어요
시궁창에 흘러든 달도 있고요
우물에 숨어 출산하는 슬픈 달도 있어요
주인처럼 높은 정각에 올라앉은 달도 있고요
서까래 그늘에 가려진 반쪽 달도 있어요
이즈러진 천개 만개의 달의 무늬도 있어요

소쇄원에 가시거든
눈을 감고 천천히 걸음을 옮기세요
발밑에 깨어지는 달의 울음이 고여 있어요.

-「소쇄원의 달」 전문

소쇄원에 뜬 달은 '나'가 화두로 붙들고 궁구하는 노란색 마침표처럼 느껴진다. 이 시는 '만약 ~ 한다면'의 가정법으로 시작된다. 소쇄원은 조선 중기에 지어진 별서정원으로 전라남도 담양에 있다. 시인은 소쇄원에 가도 소쇄원이 아름다움만 관광하고 오지는 말라고 당부한다. 그곳에 보이는 달은 둥글고 꽉 찬 만월만 있는 게 아니기 때문이다. 달은 깨어지거나 피 흘리거나 시궁창에 있거나 슬프거나 높은 명예를 가지고 있거나 자신의 절반을 잃어버리거나 무늬로 흩어지는 천태만상의 모습을 가지고 있다. 인간이 가진 어딘가 부족하고 불행한 모습처럼 달의 세계도 그러하다. 시인은 '달'이라는 내 안의 가공된 이미지로써 지금 '소쇄원'에 뜬 진짜 달을 왜곡해 보지 말아 달라고 부탁한다. 있는 그대로 보라고 한다. 그러려면 우리는 「복수초」에서 내 상처를 헤집고 간 '그 여자'를 보는 '나'처럼 잠시 멈춰야 한다. 움직일 때 움직이더라도 "천천히 걸음을 옮"겨야 한다. 난장판이 된 세상의 시계에 속도를 맞추지 말고 우주의 호흡을 따라가야 한다.

시인 박지선은 예순아홉 편의 시를 통해 삶과 진실과 생명에 대해 말한다. 끝끝내 놓치지 않아야 하는 '마침표'의 궤적에 대해 말한다. 나의 삶은 나의 것이며 진실은 외면되지 않아야 한다는 당연한 말이 낯설게 들리는 것은 박지선의 시어가 시의 본질에 닿아 있어서다. 일상의 언어가 시가 되기까지 시인의 입술은 얼마나 발화를 위해 노력했을까. 이 시의 편수인 예순아홉은 '일흔'이라는 수에서 한 숟가락 덜어낸 만큼의 숫자다. 완전하지 않기에 시가 되어지는 숫자다.